그대의 꽃

황은미 시집

채운재 시선 203

그대의 꽃

황은미 시집

그 웃음 속에서 나는 꽃처럼 되어
그대 마음속에 하루 종일 꽃이 핀다고

도서출판 채운재

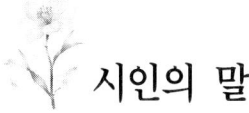
시인의 말

시간이 멈춘 듯 적막한 이른 새벽 작금이다
마구 흔들어 놓은 글의 습작은 내 마음속의 곱게 꽃처럼 피었습니다
잠시 멍하게 서있다가 숨 가쁘게 무수한 시간들로
여기저기 흩어진 조각을 글 구멍으로 그대 일상을 건드렸습니다
가장 화려한 꽃보다 향기로운 그대의 꽃
이 시가 잠시 머물다가는 하늘빛 여운 순간들로
당신의 하루를 따뜻하게 감싸주기를 생각해 봅니다

황 은 미

차례

시인의 말 … 5

제1부
향기로운 그대

거베라 꽃 … 16

꽃의 비밀 … 17

따스한 바람이 지나갈 때 … 18

몽골 초원 … 19

사랑의 안단테 … 20

수통골에서 … 21

에리카의 하루 … 22

옹달샘 같은 사랑 … 23

콩깍지 … 24

해바라기 … 25

향기로운 그대 … 26

제2부
그리운 그대

구름에 가린 그리움 … 28

그 마음 후! … 29

그리운 그대 … 30

나는 꽃이 되고 넌 나무야 … 31

말 못 한 것들 … 32

미안하다는 … 33

비가 내리던 날 … 34

빈 마음만 … 35

사랑의 잔상 … 36

스침 … 37

이미 말했잖이 … 38

인연 … 39

차례

제3부
행복한 그대

고마운 사랑 … 42

마음이 활짝 웃는 날 … 43

빛 같은 사람 … 44

스크린 한 게임 … 45

어미오리 새끼오리 … 46

여름바다 물결 … 47

열정의 꽃 카운셀러 … 48

통영 그날의 추억 … 49

호만천 들꽃 … 50

호만천 오리가족 … 51

제4부

사랑하는 그대

가족 … 54

메 꽃 … 55

사랑 낯선 기분 … 56

사량도 … 57

영암에서 … 58

영월 단종비 … 59

울진 성류굴 … 60

월출산 … 61

정숙 왕후 대전 … 62

정지용 생가 … 63

파주의 빛 … 64

하루 … 65

차례

제5부
따스한 그대

굴뚝 빵 … 68

달 개비 꽃 … 69

당신 … 70

모녀의 밥상 … 71

몽블랑 빵 … 72

무주 안국사 … 73

반딧 공원 … 74

백일홍 … 75

여자의 아름다움 … 76

저기 저곳에서 … 77

제6부

꽃같은 그대

고마운 딸 선물 … 80

그대 사랑은 … 81

그대의 손을 잡고 … 82

그대의 타투 … 83

말보다 웃음 … 84

아이스크림 … 85

와인 한 잔 … 86

웃음이 꽃이 되어 … 87

저곳에서 … 88

한 끼 밥상 김치 … 89

차례

제7부

꿈꾸는 그대

공허한 눈빛 … 92

꽃이 지는 이유 … 93

나무가 울 때 … 94

날벼락 … 95

놓아주세요 … 96

별빛 … 97

엉뚱한 집착 … 98

잔소리 아냐 … 99

호시탐탐 … 100

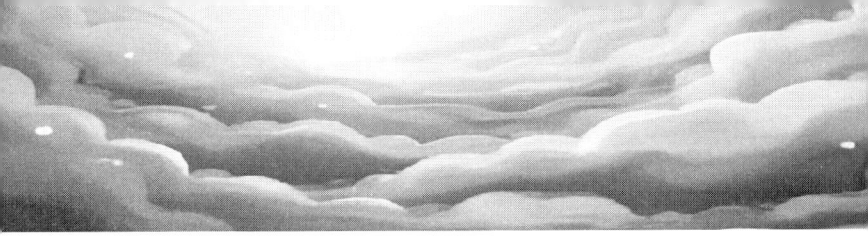

제8부
하늘 빛 닮은 그대

가을 문턱 … 102
감 하나 … 103
겨울이 가고 봄이 오는 시작 … 104
그대가 별이 된 후 … 105
내 안의 꽃 … 106
너와 걷는 숲 … 107
동백꽃 … 108
뜨거운 언어로 말해줘 … 109
무더위야 가렴 … 110
바람의 길 … 111
봄 … 112
비 내리던 날 … 113
사랑의 치유 … 114
쇠별꽃 … 115
승풍파랑 … 116
인연의 텃 밭 … 117
입추가 지나서 … 118
해촌 … 119

차례

작품해설
시를 통한 정화(淨化)와 사랑과 그리움과
아름다운 삶을 준비하는 시적 시도와 기대
- 이충재(시인, 문학평론가) … 122

제1부
향기로운 그대

거베라 꽃

세상을 안아줄 만큼
색색의 꿈을 안고
햇살에 기대어 피어난다

붉음은 열정을
노랑은 웃음을
분홍은 수줍은 사랑을
하얀 빛은 순수한 희망을 닮았다

바라보는 것만으로도
마음에 작은 햇빛이 스며들고
어제의 고단함마저
살며시 피어난다

거베라 한 송이엔
꿈이 있고 희망도 있어
다시 시작할 용기가 있어
참 멋지다
꺾이지 않는 환한 미소
내 마음 너에게

꽃의 비밀

찰나의 순간에
꽃은 아무 말 없이 피어난다

햇살의 손길에
조심스레 마음 열고
바람의 속삭임은
빛나는 비밀을 건네준다

그대 눈길 머무는 동안만
세상의 모든 향기 모아
하루 한 날 사계절 영원 담아
짧은 숨결로 저물어간다

꽃의 비밀은
지금 이 순간 사라지지 않는
영원한 사랑의 언어라고

따스한 바람이 지나갈 때

어느 봄날 오후
창틈 사이로 스며든
부드러운 숨결 하나

바람은
햇살 가리고
누군가의 마음 안아주며
천천히 내게 왔지

차가운 마음
가만히 쓰다듬고
말없이 속삭여주고
괜찮아 너 참 잘하고 있어

그 순간
세상이 조금 따스하게 달라졌어
무겁던 어깨가 좋아져
오늘 나는 또다시
그 바람을 기다린다 따스한 바람

몽골 초원

하늘은 끝없이 넓고
푸른 초원은 조용히
바람의 말을 타고 달린다

그곳에서 나는
시간도 벗어놓고
마음 내려놓아
내 삶 조용히 감싸

공기 좋은 몽골 초원 그곳에
숨 한번 들이켜보면
마음이 맑아져 간다

바람이 귓가에 속삭인다
자유로운 초원 몽골

사랑의 안단테

사랑은 조금씩
빠르지 않은 걸음으로
천천히 적셔옵니다

사랑은 거창하지 않아도
깊고 따스하게
하루를 시작하며

한 모금의 차를 나누는 그 순간
사랑의 안단테는 느린 시간 속에
행복이 찾아옵니다

수통골에서

계룡 산자락 품에 안겨
물 맑고
바람 시원한 수통골
머리까지 맑아진다

돌 사이로 흐르는 물소리
나무 그늘 따라 걷다 보면
세상의 무게
살짝 내려놓자

조용한 산이 말했어
침묵도 얼마나 깊은 위로가 된다고

산 따라 물 따라 걷다 보면
나도 어느새 흐르고 있어
갇히지 않은 채 걷고 있다고

에리카의 하루

조용한 아침 작은 커피잔 속에
담긴 여운처럼 가을비가 온다
에리카는 조용한 마음으로
마음의 물을 끓인다

커피향과 어우러진 눅눅한 비냄새
순간의 감성으로 물든 입가의 심오함
왠지 모르게 쓸쓸하다

해 질 무렵 창 밖의 노을에 기대어
지는 해 등에 지고 보는
한 송이 꽃 에리카의 하루

옹달샘 같은 사랑

침묵에 고인 그대의 마음
숲속 옹달샘 맑고 고요해

지친 하루
갈증을 적셔주는
투명한 사랑

혼란한 세상 속
늘 조용히
내 안에 흐른다

보고 또 마셔봐도
다정한 그대
내 삶의 쉼

보아도 깊어지는 사랑
그대 사랑은
옹달샘

콩깍지

짙은 녹음에 지친 갈잎들
한참을 기다리며
못마땅한 눈빛
괜스레 움츠러든다

참 신기해 닮아간다는 것
뭐라 하면서 꼭 닮아가네
콩깍지 인연

산다는 건 소중함으로
서운함은 흘려보내고
이해하고 웃어주는 작은 행복
콩깍지 사랑

해바라기

해바라기 꽃들
여기저기 웃고
환한 태양 닮은 네 모습

고개 들어
한 곳 빛을 좇는 해바라기
노란 기쁨 속에 물든다

햇살처럼 스며온 안부
네 모습 바라보며 나도
환히 웃고 느끼네
행복은 멀리 있지 않다고

향기로운 그대

그대의 향기는
바람을 타고 마음 깊은 곳까지
고요히 스며들어 찾아오죠

말없이 곁에 있어도
향기로운 그대
햇살처럼 조심스레
그대 어깨 위에 내려앉아

그대는 한결같이 열정 하나
내 삶에 핀
가장 향기로운 순간입니다

구름에 가린 그리움

저 하늘 떠돈 구름 한 점
가끔 낯선 기억 덧칠해
몽실몽실 흘러가는구나

솜사탕 그리움 싣고
조각조각 흩어진 내 마음
저 너머 사는 그에게 전해

오늘도 살며시 웃던 날처럼
맑은 하늘 끝 바람에 기대어
너를 보낸다 살며시

그 마음 후!

조용한 밤빛
사랑이 떠난 자리엔
시간도 멈추지 않았다

남들은 따스한 햇살이
비치어 주고 있는데
난 꽁꽁 언 겨울이다

메마른 표정
한숨 한번 쫓던
길 잃은 아이 같다

그대가 떠난 뒤
난 아직도
그대 안에 산다

그리운 그대

그리운 날엔
이름 석자 불러본다
가슴이 울컥
눈시울 젖어
소리 없이 웁니다

기억은 자꾸
그대를 데려와
세월을 밀어냅니다

약해지는 마음
혹시라도
까맣게 잊고

그립다는 한마디
간절한 그 마음
한줄 보냅니다

나는 꽃이 되고 넌 나무야

나는 꽃이 되고 넌 나무야
나는 피었다 지고 만 꽃
넌 늘 한곳에 우뚝 선 나무야
숲길 속 간극한 우리 사이

이내 비추는 디엣경지
그 속에 꽃 핀 나 듬직한 너
이해와 사랑은 가슴으로

숲길 걷다 내 마음이 좋아져
아낌없는 사랑으로 스며온다
나는 꽃이 되고 넌 나무야

말 못 한 것들

내 웃음 뒤에
숨긴 하루들

말끝마다 삼켜 낸
지나온 밤

누구에게 다 말하지 못한
그 시간의 무게가
내 어깨를 눌렀다

그래도
꽃은 피었고
햇살은 들고
나는
가만히 참는 것을 배운다

미안하다는

있잖아요
나에게 미안함을 갖는다면
괜찮다고
아주 괜찮다고
말하지 않을게

그 말마저
더 아프게 할까 봐

다만 기억으로
좋은 마음 간직해요

비가 내리던 날

눈물 한 방울 빗물처럼
마음속에 쏟아진다

너는 침묵의 눈빛으로
내 안의 계절에 머물다
바람 따라 가버렸다

우산을 펴도
가려지지 않던
그날의 너
그날의 나
비가 내리던 그날

빈 마음만

잃어버린 것에
주저앉아 울고
내 마음 안 비가
조금씩 적셔준다

녹아내리는
작은 위로 한줄기

잃은 것만큼
다시 채워질 거란 믿음
비의 속삭임

사랑의 잔상

떠난 자리
햇살처럼 잠시 머물다
아련함 속에 잠시 멈춘 흔적

잊혀지고
사라진 지난 일들은
향기 속에 핀다

손끝에 닿던
사랑의 잔상
내 하루의 시간을
살며시 비춘다

스침

바람처럼
지나간 그날들
잊은 줄 알았는데

가끔 생각에 잠겨
눈물로 피어난다
너 때문에

이미 말했잖아

언제부터 속마음
천천히 일부러
너에게 흘려보냈어

그때 내 마음
눈치챘다면 아마도
지금의 이별도
놀라울 게 없잖아

그러니
이제 와서
아쉬움은
너의 몫이 아냐

인연

만난 그날
작은 웃음에도
세상이 환했지

언제였지
머릿속 스치고 가는
그 조각들

어느 틈
내 마음에 다가와
잠시
나와 마주쳐 해맑은 미소 보낸다

잊은 줄 잊고 있었는데
아니었구나
한끝 인연 추억은
늘 그곳에 있었구나

제3부
행복한 그대

고마운 사랑

당신이 내게 와준 건
아마도 기적 같아요

마음 답답한 날에
미소를 띄울 수 있었던 것은
당신의 고마운 마음 덕분이죠

묵묵히 곁을 지켜준 사랑
참 고마워요
당신이 있는 내 삶은
꽃처럼 다시 피어납니다

마음이 활짝 웃는 날

햇살이 참 빛나는 날
단비처럼 촉촉이 스며와
내 편인 그대가 되었지요

작은 인사에도
가슴에 말랑말랑 해진 설레임은
웃음이 번져 입가에 꽃잎 띄웁니다

아무런 이유 없이
그냥 기분 좋은 오늘
꽃향기 그대에게 전합니다
그대라는 꽃으로

빛 같은 사람

인연의 끈이 된 사람
당신 때문에
보이지 않는 어둠 속에도
길을 잃지 않고
하루를 감사하게 삽니다

말없이 건넨 그 온유한 눈빛
다정한 마음과 말씨
내 하루는 당신 때문에
고마움을 더해 삽니다

시원한 바람처럼 스며와
내 마음 꼭 안아준 고마운 사람
채우기엔 작지만 큰사랑 내 마음 드려요

스크린 한 게임

가끔 몸도 마음도
어딘가 공중에 떠 있는 날엔

스크린 골프 한 게임
텅 빈 마음에 시원한
스윙을 날려본다

작은 공간 속 스크린 필드
홀 속으로 빠져든
내 푸념의 고민들

잠시라도 웃음 짓는 여유
당신도 괜찮다며
마음마저 시원한 굿 샷

어미오리 새끼오리

물안개 걷히는 호만천
햇살 한 줌 물결 위 내려앉아
저 멀리 보이는 어미오리

조용히 새끼들은 꽥꽥하고 나온다
쪼르르 쪼르르
물풀 사이로 먹이 찾는 아기오리

어미는 날개로 바람을 감싸고
아기오리 세상 첫 맛을 부리로
물살을 뒤적인다

사랑은 말없이 시냇물 따라 흐른다
오리가족 행복이 어우러진 호만천 아침

여름바다 물결

바다가 물살에 부서지는 날
나는 바람의 손을 잡고
모래사장에 마음을 실었다

하늘은 바다를 품고
파도는 내 발끝에
입맞춤한다

더위에 지친 사람들
일렁이는 파도에 발 담고
어린아이처럼 첨벙첨벙
뛰어논다
탁 트인 자유를 찾는
여름바다 큰 물결

열정의 꽃 카운셀러

그녀는 아침 햇살 밝게 피어나
고운 마음을 향기로 담아냅니다

고객의 눈빛 속 작은 떨림에도
정성의 손길로 아름다움을 전해
활짝 웃는 미소로 화답합니다

고마운 그 말 한 줄에
피로가 녹고 세상을 곱게
물들입니다
저녁노을이 물드는 순간까지

통영 그날의 추억

동네 한 바퀴 걷던 동피랑 골목길
바다 내음 따라
햇살은 너와 춤추는 나비같이
웃음에 날개 달았지

바닷길 따라
붉게 물든 노을 아래
조용히 속삭였던 그 추억이
순간 지나 버렸다

그날의 통영은
풍경 속에
우리들 우정이 빛났고
그 추억이 노을빛처럼 물들었다

호만천 들꽃

돌 틈 사이
조용히 피어난 풀잎 하나

내 발끝에
닿을까
스치기라도 할까
조심조심 살짝

그 조그만 숨결 앞에
나도 모르게
괜히
작아졌다

호만천 오리가족

찬란한 물결 위로
오리 가족이
나란히 떠 있다

엄마 뒤를 졸졸 따르는
작은 생명들
첨벙첨벙 그 발소리마저
물결에 젖는다

바람도 소리 죽이고
햇살 머무는
이 고요한 풍경 속에서
나는
행복이 얼마나 소중한지
다시 한번 깨닫는다

제4부
사랑하는 그대

가족

태어날 때부터
내 인생의 첫사랑은
가족입니다

말보다는 눈빛으로
잘 알 수 있는
가족이라는 따스함

누가 그랬죠
가족은 잠든 사이
살며시 덮어주는 이불처럼
내 곁을 보살핀다고

웃는 날에도 슬픈 날에도
마음 다독이며 위로해 주는
울타리 같은 사랑이라고

메꽃

살며시 피어나는 메꽃
담장에 기대어
바람결에 살며시 미소 짓는다

누가 알아주지 않아도
햇살 한 줌 소박한 꿈
한 뼘씩 감아올리는 하루

연약한 듯 보여도
바람에 뿌리는 깊고
어여쁜 꽃잎 안엔
세상 바람도 다 안아줄 만큼
넉넉한 마음 꽃이다

사랑 낯선 기분

내 볼에 스친 바람처럼
가볍고도 묘한 떨림이
가슴 언저리가 콩콩 뛴다

이름 모를 꽃 한 송이
가슴속에 피어나듯
그대가 들어왔다

익숙하지 않은 온기
설명할 수 없는 미소
왠지 자꾸
내 하루 끝에 남는 그 사람

이게 사랑일까
아직은 말할 수 없지만
어느새
내 맘에 머물고 있는 그대
낯설기에 더 깊이 스며드는 사랑

사량도

바다보다 깊었던 너의 웃음
파도에 실려 아마도
섬마을로 놀러 왔지

바다와 바람이
서로를 껴안던 그날
사량도의 하늘은
유난히 푸르고 깊었지

손끝으로 보인 기암절벽
노을빛에 젖어
가만히 눈 감으면
한 장의 시처럼 내 마음에 물든다

영암에서

친정 엄마의 팔순 기념
영암의 아침은
그날 여행으로 꽃처럼 환했다

웃음소리 가득한 하루는
세월이 빚어낸 주름마저
고귀한 보석처럼 빛나고

함께한 시간 속에는
지금껏 살아온 순간보다
깊이 간직한 추억이 되었다

그날의 영암
행복한 엄마
내 마음에 영원히 머문 한마디
사랑한다는 마음 아시죠

영월 단종비

역사 속 한가운데
고요한 솔 바람 지나
한 많은 세월을 품은 그 길

꽃도 말없이 지는데
장릉 돌계단 위에
단종의 눈물이
아직도 맺혀 흐르고 있구나

사랑도 운명도 흔들렸던
그 아련한 이름 하나
고요한 침묵 속에
내 마음도 애달프다

울진 성류굴

단단한 동굴 속에 잠든 시간들
한 방울 한 방울 똑똑 떨군 돌 틈
물방울 맺힌 세월의 시 한편

별 보다 빛난 기적이 세운 태초의 힘
한 줄기 빛이 닿을 때
세월은 고요히 말을 잊고 잠든다

그 오랜 침묵 앞에
나는
작은 숨 한번 쉬었다

월출산

영암을 돌아보니
푸른 시간 속에
월출산이 우뚝 서 있다

바위마다 새겨진 이야기
겹겹이 서있는 울창한 수림
그 곁에 서면
내 마음 푸르다

한 세월을 지켜온
장엄한 품 안에서
자연의 섭리를 느낀다

저 산이 전해주는 고요
그 속에 스며드는 나

정순 왕후 대전

언제였던가 뜻 모를 해석
내 모습 그대로가 아닌
옛 정순 왕후 숨결

비단처럼 단아한
한복 자락에 스친 여인의 숨결
꽃잎처럼 사뿐히 나르고

절제된 눈빛 담아 걷던
영월 장릉길
조심스런 기품이 엿보인다

그날의 흔적은 역사 속으로 사라지고
나의 하루는 정순 왕후의 숨결이
아련히 밀려온다

정지용 생가

지용 선생님의 생가 옥천
향수에 젖어
마루 끝에 앉으니
시 한 줄이 바람 타고 와
내 머리를 쓰다듬는다

그의 숨결 남은 흙 벽 틈에서
조용히 우수수 흔드는 단어들
시간조차 헤매던 무시로

그리움이 머문 첫 문장
고향 그곳이 참하
꿈 엔들 잊힐리야

파주의 빛

깜짝 놀란 나를 또 발견한다
빛이 말을 걸고
소리가 그림을 그리고
공간은 감정이 오간다

놀라움은 눈으로 보이지 않고
마음과 빛으로 움직인다

예술의 경지
우리 안의 생각과 감각을
다시 깨운다

그 순간 똑같은 너랑
그 빛 속에서
하나의 작품이 되었다

하루

요트 위 바람 한 줌
오늘 하루
햇살은 웃음이 되고
파도 따라
더위도
멀리 웃으며 사라진다

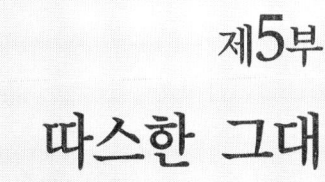

제5부

따스한 그대

굴뚝 빵

모락모락 핀 굴뚝 연기처럼
고소한 향기가 코 끝에 머문다

겉은 바삭 속은 말랑한 속삭임
한 겹 또 한 겹 굴뚝 빵

입안 가득 번지는 달콤한 설레임
마음까지 사르르 녹아든다

무주 산자락 품은 정겨운 맛
빵 한 조각의 깊은 미소 번진다

달 개비 꽃

아침 햇살이 어루만진 달 개비 꽃
그 여린 빛깔 속에
하늘 구름이 피어난다

청순한 수줍음
나도 모르게 걸음 멈추고
꽃잎 속 이야기에
귀를 기울여 봅니다

달 개비 꽃말처럼
즐거운 인생은
아마도 잠시 머물다 간 순간보다
오래도록 가슴에 남는 사랑 꽃이라고

당신

당신은 햇살보다 밝게 웃습니다
마음 깊은 샘에서
맑은 물을 길어 올려
나에게 건네주는 당신입니다

한 조각 슬픔조차
당신 손을 내밀면
아름답게 꽃이 피고
고단한 하루가
당신 눈빛으로 곱게 물듭니다

그래서 더 미안하고
그래서 더 마음이 갑니다
당신 사랑으로

모녀의 밥상

한여름 저녁식사는
콩국수 한 그릇 들깨수제비
더위로 가슴이 시원히 풀린 귀한 밥상이다

들깨수제비 한 숟가락에
뜨거운 정이 오간다
두 그릇 주문에
반반 맛보는 즐거움

겉절이 김치의 알싸한 맛
80세를 바라보는
엄마의 웃음이
양념처럼 내려앉는다

친정 엄마와 마주 앉아
국수 한 올 수제비 한점에
흘러간 세월의 주름이 느껴진다
그리고 곁에 있는 당신이라는 기적

몽블랑 빵

한적한 시골길
친정엄마 모시고 딸과 함께 온
낡은 창고에 들어선 카페

라떼 한 잔에 달콤한 빵 냄새
마음을 기분 좋게 한다

접시에 담은 몽블랑 빵 하나
밤처럼 깊은 속살이
둘레둘레 감아올려
마치 겉은 꿀처럼 달아
혀끝을 녹인다
시간마저 잠시 멈춘 오후
낡은 창고 안의 몽블랑 한 입

무주 안국사

꼬불 꼬불 험한 산길
숨 고르며 돌고 돌아
마침내 닿은 이곳 안국사

풀잎에 맺힌 이슬조차
고요히 기도하는 아침
정조의 숨결 따라
솔향기 가득 마음 씻는다

바위틈 사이 피어난 작은 꽃
나도 조용히 그 자리에 머문다
하늘에 피어난 작은 구름 보며

반딧 공원

옛 추억을 더듬어 가 본
무주 반딧 공원
반딧불이 작은 별 되어
풀잎 사이 반짝반짝 속삭인다

고요한 숲 숨결 같은 바람이
작은 곤충들을 깨운다
그들의 하루는 경이롭고 평화롭다

초록빛 생명들이 깨어나
아이들 눈 망울엔 호기심이 자란다
꿈꾸는 너처럼

백일홍

붉디붉은 꽃잎
그 떨림 속
사랑의 열정이 타오르고
스치는 바람결에
그리움의 잔향이 번져온다

한여름 볕 아래
홀로 걷는
내 그림자마저 숨죽인 채
꽃 잎의 숨소리가 잔잔히 스며온다

찰나에 번진 붉음
그리움은 꽃잎마다
떨림이 되어 내려앉는다

여자의 아름다움

그게 뭐 그리 어려운가요
아니 뭐 그리 힘든가요
그대는
거울 앞에 선 순간
빛이 번져 나를 감싸고
그 속에 희미한
꽃잎처럼 피어납니다

가꾸는 건 허영이 아니라
내 마음을 돌보는 사랑입니다
눈빛은 반짝이고
입가의 미소가 햇살처럼 퍼질 때

세상은 내 안의 계절을 찾아갑니다
내가 사랑하는 나를
영합하는 마음으로

저기 저곳에서

불러도 대답 없는 이름아
알 수 없는 저 공간에서
아지랑이 피어나고
숨을 쉰 땅이 숨을 쉬듯
하늘로 날아오른다

크고 작은 들꽃들이
저마다의 빛깔로
세상의 첫인사를 건네고
그 속삭임에 마음 젖는다

조금만 가까이 다가가도
햇살은 꽃잎에 머물고
바람은 향기를 실어 나른다
모든 것이 깨어나듯
내 마음도 살이 숨 쉬며
저기 저곳에서
그대들의 건네는 말

제6부
꽃같은 그대

고마운 딸 선물

하남 스타필드
반짝이는 조명등 아래서
마음이 살짝 들뜬다

엄마의 미소
딸들의 웃음소리가
아이스크림 녹듯
시원하다

여자의 무기는 멋진 가방 들고
곱게 꾸민 발걸음 속에
쇼핑하며 설렘으로 더한다

사람의 마음은
바람결에 흔들리는 나뭇잎처럼
모양도 빛깔도 다르지만
쇼핑 하나에 기분이 더한다
딸이 선물해 준 페라가모
오늘 기분은 흔들리는 꽃이 되었다

그대 사랑은

주고도 아깝지 않은 마음
마치 햇빛이 나무를 감싸듯
그대의 품은 사랑입니다

꽃잎처럼 피어나 향기를 채우고
나무처럼 깊은 사랑으로
사랑은 또 다른 이름입니다
당신의 사랑처럼 따스하기에

그대의 손을 잡고

그대 손을 잡으면
세상 모든 걱정이 사라지고
우리만의 노래가 흐른다

고마움이 가슴에 파고들어
손끝에서 눈빛에서 숨결에서
조용히 피어난다

사랑이란 이렇게
그대와 나 단 하나의 선물로
마음속에 노래한다
별빛보다 반짝이는
그대의 손을 잡고

그대의 타투

칼끝이 스친 듯 아린
살결 위에 새겨진 그림
누군가에겐 패션이지만
또 누군가에겐
가리고 싶은 표증이다

나는 그 자국을
숨기지도 가리지도 않고
살짝 데인 상처를 덮는
위안으로 허락한다

사람들의 눈 속에는
아직은 선입견이 흐르고
순수한 시인의 손끝에
낯설겠지만

나는 안다 상처가 아니라
나를 위로하는 하나의 이야기임을

말보다 웃음

아주 가끔은 대화 속 말이
너무 무겁다
혀끝에서 떨어지기도 전에
날카로운 공격적인 언어
향기 대신 먼지가 입가에 흩날린다

그리고 나는 입술 끝을
장난스럽게 비틀어 올린다
눈썹이 춤을 추고
눈동자가 정색을 하며 서툰다

그럴 때 살짝 표정보고 얘기하자
나 괜찮아 너도 괜찮지
정감있게 던진 질문에
상대의 입꼬리가 따라 올라간다면
그 순간 우리는 하나의 생각에 잠긴다
진한 말보다 웃음에 미소를

아이스크림

뜨겁게 달아오른 여름 날
기분마저 묵직해질 때

차가운 유리잔 속에
하얀 달빛처럼 내려앉는 아이스크림

첫 숟갈이 혀끝에 닿는 순간
용광로 같은 온몸이 사르르 녹아
마음마저 부드럽다

행복도 혹시
한입처럼 이렇게
부드럽게 찾아오는 건 아닐까

와인 한 잔

주스처럼 스며드는 와인 한 잔
첫 맛은 부드럽게 가슴속
작은 불씨를 살짝 피운다

와인처럼 진한 사랑
목 끝까지 차오른 감동
그 뜨거움에 나는 숨조차 잊는다

달콤한 와인 한 잔이
혀끝을 타고 퍼지는 열기는 감출 수 없고
초콜릿처럼 부드러운 맛은
그 속에 숨어있는 농밀함
나를 유혹한다

웃음이 꽃이 되어

당신의 미소는
꽃처럼
내 마음속에 피어나죠

나를 보면
그대 눈가에 맺히는 반짝임
행복을 가득 담아 피어나죠

어떻게 웃느냐 묻는다면
그대는 말하겠죠
당신이 있어 그렇다고

그 웃음 속에서
나는 꽃처럼 되어
그대 마음속에
하루 종일 꽃이 핀다고

저곳에서

어스름한 해가 뜨는
저기 저곳에서
이름조차 알 수 없는
먼 곳이지만
내 마음은 이미
그 길 위에 서있다
가고자 하는 그 길에 서서

한 끼 밥상 김치

아삭아삭 씹히는 소리
입안 가득 퍼지는 감칠맛 나는 김치
평범한 밥상 위에 김치가
비로소 밥맛이 살아난다

정성스레 버무린 손맛이 숨 쉬고
빨갛게 물든 속살 같은 배추가
오늘의 식탁을 준비한다

소소하지만 빠질 수 없는
한 끼 밥상의 주인공
아삭아삭 그 맛이 기다림으로
엄마 손처럼 참 깊은 맛이 담긴다

제7부
꿈꾸는 그대

공허한 눈빛

힘없는 눈빛 속에
말하지 못한 수많은
사연이 숨겨있다

그 눈빛은 이미
마음의 문을 반쯤
닫아버린 채
멀어질 준비를 한다

가슴속 깊은 곳 공허한 눈빛
한 번도 꺼내지 못한 사연
잊으려 할수록 선명해지는
묵중한 비애 설단 현상

꽃이 지는 이유

말하지 않아도
꽃잎은 바람결에
흔들려 웁니다

어제까지 핀 꽃잎은
이별 속에 마음 놓아
마지막 꽃잎을 떨구고
향기를 접어 저만치 흩날립니다

사랑은 꽃처럼 피었지만
이별은 꽃잎처럼 조용히
땅 위에 떨어져 바람에 나부낍니다
다시 피지 않을 하나의 계절만 남긴 채

나무가 울 때

바람 불면 가지를 맞대어
오랜 세월이 서로 서로 나누는
함께 서 있는 나무가 있습니다

꼼짝없이 그 자리에서
하늘 보며
비 오면 뿌리로 깊이 안아줍니다

하지만 잎이 다 떨어진 가을엔
하늘이 먼저 알고 잎 끝에서
맺힌 빗방울이 땅으로 떨어집니다
나무의 눈물이라는 걸 아시나요

날벼락

어느 날 눈앞에
하늘이 갈라지듯
빛이 사라져
날벼락이 가슴을 찢는다

이제야 알아간다
시간은 돈으로 살 수 없고
빌려 쓰는 것이 아니고
마음은 언제나 떠날 수 있다는 것

그래서
오늘은 더 어여쁘게
후회 없이 살다 가자
순간의 그날처럼

놓아주세요

사람은
고쳐 쓰는
물건이 아니래요

습관은 뿌리처럼 깊고
버릇은 그림자처럼 따라다녀요

애정은 깊어도
닿지 않는
마음이 누구나 있어요

그냥 그럴 때
집착 말고
놓아주세요

별빛

별이 쏟아지는 밤
별빛마다 사연이 흐르고
그중 하나
조용히 꺼져가는 별 하나
누군가의 사랑이다

하늘에 번지는 오로라
환희의 빛 눈물 빛
마지막 인사처럼
별은 흩어지고 그대는 멀어져 간다

이별은 이렇게
빛나며 사라져 가는
별빛에 아픔이다

엉뚱한 집착

오래도록 품었다
바뀔 거라는
아니 바꿀 수 있다는
순진한 믿음

사람은
삶의 패턴은 누구나 다르듯
내 곁의 자식조차
내 루틴 그대로
살아주지 않는다

엉뚱한 집착은 놓으려 한다
바람이 가는 길은 막지 않듯
사람이 가는 길도 그냥 놔두자

잔소리 아냐

거친 바람처럼 말하지만
그 바람 속엔
꽃씨를 품고 있다는 걸
너는 아니

네가 넘어질까
다칠까
길을 잃을까 봐
조금 지루하게 길게
물어보는 거야

세상 어느 누구보다
너에게 엄마의 마음
알아줬으면 해
잔소리가 아니라
네 미래를
빛나게 하는 빛의 언어라는 말

호시탐탐

기회를 놓친 자는
언제든 뒤안길에 서서
남의 빛을 훔치려
눈을 번뜩인다

말로는 정치가인 척
겉은 멀쩡하게 치장하고
속은 텅 빈 강정처럼 힘없이

그들은 오늘도
호시탐탐 빛나는 자리에
자기 자신도 모른 체
거울 속 허상만 껴안는다

제8부
하늘 빛 닮은 그대

가을 문턱

드디어 말복 지나고
여름이 한발 물러나
이제야 새벽 공기도
제법 서늘한 바람이 붑니다

풀잎 끝에 맺힌 이슬처럼
아무 소리 없이
가을은 우리 곁에 왔습니다

나무 그림자 사이로
황금빛 계절이 서서히 다가와
아주 뜨겁던 햇살도 누그러져
가을 향기가 반갑게 느껴집니다

감 하나

아스라이 감 하나
혹한 겨우내 실팍하게
대롱대롱 매달려 내밀하네

홍시감 하나
몽글몽글 흐놀아
툭 하며 떨어지려 나

낙과 소치의 끝
에돌은 시나브로 감 하나
올랑올랑 서리 핀 홍시감
그대 마음 가져가네

겨울이 가고 봄이 오는 시작

함박눈이 소복히 쌓여
어디라도 떠나고 싶을 만큼
은빛 마을은 한 폭의
그림처럼
마음을 수놓았다

여행을 떠나 짐을 쌌다 풀고
흥분되는 기분으로
모든 간절함은
봄이 오는 설렘처럼 다가온다

가끔 작고 여린 새순은 기적같이
우리에게 희망으로
존재해 살아가는 신비가
얼마나 귀하고 행복할까

그대가 별이 된 후

사랑이 떠난 뒤 에야
나는 알았다
하늘의 마음이 닿아야만
다시 이어질 수 있는 인연이라고

가끔은
저 머나먼 별빛 속에
아직은 아니라고
그 한마디를 속삭이며
내 손끝은 붙잡는다

언젠가
어느 시간 어떤 모습으로
우리가 다시 마주할지 모르지만
이 세상 함께했던
너의 웃음 그 모든 순간은
내 기억 속에 살아있다고

내 안의 꽃

겨우내 몸살을 앓고
이제야 결곡하다 핀
내 안의 꽃

한번 흘낏 보다
별리한 날숨을 토해
희우의 아름다운
내 안의 꽃으로 핀다

지우고 싶은 지난 흔적을
헤움하다 감응한
조심스런 그날의 꽃으로

너와 걷는 숲

푸른 나뭇잎 사이로
빛이 스며들 때마다
너의 천진한 웃음이 좋다

바람에 흔들리는 가지처럼
내 마음도 살며시 떨려와
한걸음 또 한걸음
너와 걷는 숲이 깊어 간다

숲은 말이 없고
사랑은 조용히 자란다

동백꽃

붉은 노을 눈에 띠게
살얼음에 물든 너

눈물 한 방울 떨구어 낸
시바의 여왕처럼
적막을 깨운 야릇한 자태
유난히 그곳에 물든 나

가고 있는 시간 속에
아쉬워하는 붉은 너

뜨거운 언어로 말해줘

지혜로운 사랑은 뜨거운 언어로 말한다
서로를 덮어주고 기다려준다
그 안에서 웃고 울고
더 단단해지는 것
끝없는 여유를 찾아가는 여정이기에

모든 사랑은 이유가 있다
시간마저 녹여버린 만큼
사랑의 언어로 갈망한다

나는 그대와 뜨거운 언어로 말하기를 원한다
그 이유가 바로 그대라서
오늘도 나는 사랑을 배운다
아주 천천히 조금씩

무더위야 가렴

무더위에 숨이 가쁠 때
마음마저 지쳐 가는 날
어디론가 바람을 찾아 나선다

파도 소리 들리는 바닷가
짙은 초록 향기 번지는 숲길
하늘과 맞닿은 산마루
바람이 솔솔 부는 그 어디든 좋다

개 여울 보이는 머문 자리마다
내 마음 한결 시가 되고
그 시 한 줄이 나를 위로하고
또 다른 누군가의 웃음꽃이
이 여름 끝자락

바람의 길

황량한 길가
누가 바람에게
길을 묻던가

울타리 집도 없고
묶이지도 갇혀지지 않는
먼 길 떠난 바람

어디로 가는 거냐 묻지만
바람이 웃는다
가는 게 아니라
그저 자유롭게 스쳐 갈 뿐이라고

봄

수줍은 그림자에 가려진
햇살은 소녀의 호기심처럼
마구 빛을 굴린다

조아리고 있는 애기 싹
침샘을 깨우는 이슬방울
어느새 꽃등은 내밀하게 피어
당돌한 낌새로 고개 든다

더듬어 살펴보니
지난 상처들이 조금씩 조금씩
옹골지게 아물고 있는
지금 너는 봄

비 내리던 날

참으려던 마음 끝에서
눈물방울이
빗물처럼 쏟아진다

무참하게 쓸어버린 자연재해
갑자기 찾아온 안타까운 소식
여름날의 기억이 마음까지 쓸었다

우산을 펴도 가려지지 않던 슬픔이
비에 젖어 터벅터벅 걷던 그날의 너
한참을 서성이다 걷던 나
마음을 위로하지만

사랑의 치유

사랑은 고요히 내려앉아
깊은 상흔을 어루만진다
오매불망 건네는 눈빛 하나

일희일비한 마음
다시 숨 쉬게 하고
에워싸는 세상은 조금 더 환해진다

그 애틋한 마음 한 조각
마음의 어둠을 서서히 걷어
가랑비에 옷 젖는 네 마음처럼
사랑은 약이 되고 빛이 된다

쇠별꽃

작고 여린 쇠별꽃
언니는 쇠별꽃입니다
줄기 끝에 잔털이 얼기설기 모여
밀회를 속삭입니다

인간의 내면을 앗아간 꽃
가슴속 깊이 힘겹던 응어리가
맺힌 깊은 상처는 수렁에 빠져
한순간 어긋난 삶을
몸부림칩니다

그리움이 서서히 시들어 갈 즈음
꽃잎은 떨어져 이 순간이
꿈이었다면 얼마나 좋을까요

승풍파랑

파란 하늘이 높고 청명한데
그대 마음도 그러 한가요
바람결에 떠가는 구름도
흘러가는 인생도
한시름 스쳐갑니다

새벽녘 살짝이 내린
뽀얀 이슬방울이
한나절 무더위를 밤새워 식히며
희로애락 불철주야 지나갑니다

애처로운 그대 마음 바람결에 띄우고
출렁이는 바다 물결 조금씩 헤쳐가네요

인연의 텃 밭

어둔 새벽 밝아올 때마다
삶의 빛들이 서서히 눈을 뜬다
장난스런 웃음이 번져간
봄 햇살이 눈부시게 아름다운데

봄소식에 놀란
휘파람 불던 바람은 가고
구름 한 점 없는 맑은 하늘이
유난히 곱다

하늘을 멍하니 바라보다
내 곁에 있던 텃 밭이 그립다

가끔 밥 같이 먹자고
연락해 준 인연의 텃 밭
고맙다고 또 감사하다고

입추가 지나서

물러서는 더위 끝자락에
입추는 조용히 계절을 넘깁니다

잔잔히 불어오는 바람에
풀잎은 먼저 알고
몸을 움츠려 속삭입니다
벌써! 가을이라고

해촌

바다 바람 길들여진
시골 동네 어귀
밤낮으로 적막은 아랑곳 없이
세월 낚는 해촌

행복의 물결 파도 치듯
향기로운 커피 한 잔의 여유
넘실거린 해촌의 밤바다

별 하나 둘 내 님 생각
호젓한 해촌의 밤

작품해설
시를 통한 淨化와 사랑과 그리움과
아름다운 삶을 준비하는 시적 시도와 기대

- 황은미 시인의 시집 『그대의 꽃』에 붙여 -

이충재(시인, 문학평론가)

작품해설

시를 통한 淨化와 사랑과 그리움과
아름다운 삶을 준비하는 시적 시도와 기대
- 황은미 시인의 시집 『그대의 꽃』에 붙여 -

이충재 (시인, 문학평론가)

시와 삶을 이야기하며

 황은미 시인의 작품을 만나기 전에는 다소 무게중심이 실린 인문학 도서들의 숲을 거닐면서 시대를 향한 진단과 처방전이 될 대안을 창출하기 위해 끊임없이 말 걸기를 시도하였다. 《피로사회》, 《불안 사회》, 《부채 인간》, 《관조하는 삶》, 《작은 미덕들》, 《이 시대에 맞서 싸우기 위해》, 《아웃사이더》, 《미친 세상과 사랑에 빠지기》, 《문명- 예술 과학 철학 그리고 인간들》 등의 쉼 없는 말 걸기를 시작하였다. 마치 문학예술과 그에 종사하는 이에게 맡겨진 사명처럼 여기면서 느끼는 신 앞에서의 부채 의식 탓일 것이다. 그즈음, 황은미 시인이 일궈놓은 시의 숲으로 초대를 받아 충분히 사유할 은혜를 입게 되었다.
 황은미 시인과의 만남, 깊은 대화의 경험보다도 시 작품을 통한 시인의 마음과 삶의 속성과 깊이와 넓이, 시가 지닌 맑고 청아한 영혼의 울림과 맞닥뜨림을 통하여 시인의 삶을 더욱더 깊이 있게 이해할 수 있게 되었다.

한 사람의 시인이 첫 시집을 출간하게 됨에 있어서 남다른 의미를 부여하는 것이 마치 습관처럼 도지기 시작한 것이다.

이 시대의 망가진 온갖 현상을 누가 새롭게 구축하며 치유할 것인가? 이 물음은 인문학의 화두가 되어 가치 인생을 추구하는 많은 독자들에게 읽히고 있는 것이 현실이다. 그들이 시문학 종사자들에게 끊임없이 구원 요청을 보내오고 있는 이유이기도 하다. 문제는 21세기의 많은 시인들이 스스로 정화(淨化)의 기능을 상실하고서도 아무런 부끄러움을 잊고 살아가는 것이 관습처럼 통용되고 있다는 것이다. 이 세기에 시인들이 선뜻 달려가 독자들을 위로하고 사랑하고 인간성 상실의 현장을 거뜬하게 세워 줄 동력을 잃고 있다는 것이 문제요 아쉬움으로 남는다.

시인은 아파하면서도 타인을 치유할 여유를 배워야 하고, 깊은 고뇌의 숲에 들면서도 그 고뇌를 스스로 즐길 줄 아는 초월적 이미지적 삶을 만들어가야 하며 또한 밝은 햇빛처럼 소망을 잃지 않고 자신을 성장, 성숙시킬 줄 아는 힘을 비축해 놓아야만 한다. 절망과 회의가 몰려와도 그 고독의 철학을 통하여 스스로의 삶을 단단하게 세워 나가는 중심론적 사고와 철학적, 문학적 삶이 유지되어야 한다. 그런데, 시인들이나 문학예술을 하는 사람들조차 세속적 권력과 명예와 인기 앞에 줄을 서거나 그들의 눈치를 보면서 스스로가 중심을 잃고들 있다. 시인으로서의 건강하고도 온전한 역할을 가대, 발견하기란 참으로 어려운 시대이다. 서로의 다름을 인정하고 그들을 포용할 줄 아는 넓은 가슴을 지니지 못하고 있는데, 어찌 작품이 생명력을 되찾고 그 역할을 할 수 있겠는가? 서로의 낯을 마주하고 심각하게 묻지 않을 수 없다.

황은미 시인의 시들을 대하면서 깜짝 놀라지 않을 수 없었다. 인문학의 지적 여정 속에서 지쳐 있는 필자의 마음에 큰 위로와 안식처요 양식이 되어 평안을 회복할 수 있는 순수성과 참신성 그리고 사랑과 그리움이 깊이 내재해 있음이 발견되었기 때문이다. 첫 시집으로서 때 묻지 않는 그리고 타인의 것을 모방하는 인위적인 기법이 노출되지 않고 시인의 영혼이 맑고 정신세계의 중심이 잘 잡혀 있으며 그리움과 사랑과 위로의 삶이 그 시의 행간에 잘 녹아져 있어서 참 좋았다.

황은미 시인의 시 세계는 마치 미국의 시인 아치볼드 매클리시가 <시법>에서 주장하듯 "시는 둥그런 과일처럼 만질 수 있고 묵묵해야 한다. 엄지손가락에 닿는 오래된 메달들처럼 딱딱하고 새들의 비상처럼 시는 말을 아껴야 한다. 시는 구체적인 것이지 진실 된 것이 아니다. 슬픔의 긴 역사를 표현하기 위해서는 텅 빈 문간과 단풍잎 하나, 사랑을 위해서는 비스듬히 기댄 풀잎들과 바다 위 두 개의 불빛, 시는 무엇을 의미하는 게 아니라 단지 존재할 뿐이다."를 충분히 충족하고 있다.

장영희 교수가 그의 저서 『어떻게 사랑할 것인가』에서

당부하듯 "문학은 나와 남이 결국은 같다는 것, 인간적인 보편성을 갖는다는 것을 보여줍니다. 내가 어디에서, 어떤 모습으로, 어떤 방식으로 살아도 나와 남은 결국 인간이기 때문에 같다는 것을 느낄 수 있는 통로가 바로 문학인 셈이지요." 이 고백과 같이 황은미 시인의 이와 같은 삶(보편적 사랑이 통용되는 그의 순수하고 건강한 소통 능력이 살아 있는 일상적 삶)이 시 속에서 그대로 밝은 미소를 짓고 있음을 확인할 수 있어서 좋았다.

　이는 헤르만 헤세의 고백 ("시인은 모든 것을, 그야말로 모든 것을 일상과 나누어 가져야 한다! 그가 '마음'이라고 말하면 그것은 사람의 내부에서 꿈틀거리면서 가장 활발하게 살아 있는 것, 그의 가장 내밀한 능력과 나약함을 함께 지닌 것을 의미함과 동시에 심장 근육을 뜻하기도 한다." "시인은 도처에서 찬사를 얻거나 비난을 받기도 한다. 또한 다른 사람들에게 영향을 미치거나 비웃음을 당하기도 한다. 사람들은 그를 사랑하거나 혹은 경멸한다. 사람들은 그 시인의 생각이나 꿈 자체에 대해서는 이야기하지 않는다. 시인의 생각은 다만 언어라는 좁은 통로를 통과해서 독자들이 이해할 수 있는 수로로 침투해 들어가 겨우 100분의 1 정도만 이야기하고 이해된다.")과 일맥상통한다. 그래서 황은미 시인의 첫 시집에 수록한 작품들이 정화 기능을 잃지 않고 순수를 모종하여 독자들의 영혼에 아름다운 꽃으로 만개하여 영원한 안식을 제공하게 되리라 믿는 것이다. 그 유익한 작품들이 자고 일어나 활발하게 활동하는 시의 숲으로 들어가 보기로 하자.

2. 순수 삶의 향기가 물씬 풍기는 시의 숲에 들며

헤르만 헤세는 시인의 언어에 대해서 다음과 말한다. "시인의 언어는 기계처럼 사용하는 것이 불가능하다. 그는 언어를 규범화된 도구처럼 사용할 수 없다. 언어와 싸우기도 하고 동맹을 맺기도 하며, 언어에 아첨을 하기도 하고, 그것을 믿거나 불신하기도 한다. 간단히 말해서 시인은 언어 안에서 살고 호흡해야 하는 것이다."

그 흔적들이 황은미 첫 시집 작품들 속에서 그대로 투사되고 있어서 시인의 창작 열의가 충분히 엿보인다.

인위적이거나 인공적인 낯 설움을 멀리하고 가장 일상화된 내면의 거울을 통하여 비추어지는 삶을 그대로 시의 형식에 담아 독자들과 함께 공유하고 공감하여 참된 삶의 가치를 나누고 싶어 하는 그 애씀이 현실로 드러나고 있어서 좋다.

> 찰나의 순간에
> 꽃은 아무 말 없이 피어난다
>
> 햇살의 손길에
> 조심스레 마음 열고
> 바람의 속삭임은

빛나는 비밀을 건네준다

그대 눈길 머무는 동안만
세상의 모든 향기 모아
하루 한 날 사계절 영원 담아
짧은 숨결로 저물어간다

꽃의 비밀은
지금 이 순간 사라지지 않는
영원한 사랑의 언어라고

- 〈꽃의 비밀〉 전문

  세상이 시끄럽고 요란한 것은 침묵의 절제와 진실의 부재로 인함이다. 참된 진리와 진실이 담긴 앎으로부터 멀어진 인생을 살아가는 이들의 외향적인 성격 탓이기도 하다. 그들은 어떻게 하든 자신의 부족은 진단하여 채우려고 하지 않고, 오직 외연으로 표출하거나 드러내 알리려고 하는 성취 주의, 성공적 욕망에 사로잡히거나 그 모든 것을 습관화하고 있기 때문이다. 그들 앞에서는 한 송이의 꽃도 자신의 욕망을 위해서 잘림을 당하거나 드라이플라워의 대상으로만 여길 뿐이다. 그래도 꽃들은 그냥 순수하게 자신의 생명과 숙음을 인간들에게 내어 맡길 뿐이다.

  시인은 그런 꽃 앞에서 아주 중요한 것 한 가지를 교훈으로 가슴에 담고 돌아서서 자신의 삶을 성숙단계로 끌어

올리기 위해 스스로 애쓰며 고백을 한다. '꽃의 비밀은/영원한 사랑의 언어'라고 말이다. 변함없이 자신을 드러내지 않고 스스로 사랑하는 모든 이들의 행복을 위해서 자신을 희생시켜 오랜 향기가 되게 한다.

많은 사실적이고도 진실 된 그리고 정직하고도 솔직한 삶의 순수를 지닌 사람들은 오히려 은은한 향기만 날릴 뿐 결코 요란하지 않다. 들 길을 지나는 행인들을 매혹하는 영혼의 감각적 장점만을 충족시킨다. 오각을 통하여 아름다움을 받아들여야만 타인을 향해서 또한 아름다운 언어와 삶의 향기를 발하는 살신성인의 본을 보이는 것이다. 그것이 바로 꽃이 인간 앞에서 절대적인 아름다움과 가치를 유지하기 위한 비밀인 것이다.

> 사랑은 조금씩
> 빠르지 않은 걸음으로
> 천천히 적셔옵니다
>
> 사랑은 거창하지 않아도
> 깊고 따스하게
> 하루를 시작하며
>
> 한 모금의 차를 나누는 그 순간
> 사랑의 안단테는 느린 시간 속에
> 행복이 찾아옵니다
>
> － 〈사랑의 안단테〉 전문

대한민국 사람들의 대부분은 성급하다. 그래서 '빨리빨리(알레그로)'가 마치 대한민국의 생활 습관 문화를 리드하는 성격의 대명사 인양 익숙하게 들려지고 있다. 참으로 부끄러운 판단 기준인 셈이다. 이는 살아가는 인간 관계망 속에서도 그대로 드러난다. 연애하는 이들이나 결혼하는 이들이나 또한 비즈니스 세계에서도 이런 성향은 결코 빗나가지 않는다. 그 이후의 삶을 돌아보면 그 결과가 빚어내는 예외 없는 결과물에 직면하고 만다. 물적 부실과 인간 관계성 앞에서의 부재와도 연결되기도 하고, 경제, 정치, 문화하고 연결하게 되면 책임성 부재로도 직결되는 부정적인 결과물을 낳게 되는 현상을 본다. 그래서 송사로 이어지게 되고 불신의 문화를 양산하게 되는 결과를 낳기도 한다.

그래서 시인은 사랑을 빗대어 말하면서 조금은 천천히, 천천히 사유하고 관계하고 행위하고, 결과물을 기대하라는 신중론을 주문하고 있다. 지나치게 알레그로 하지 말고, 이후의 삶은 안단테로 살아보자고 그래서 충분히 사유하며 서로의 삶을 돌아보고 보듬어 안아주고 이해하는 동포애를 지닌 유쾌하고도 아름다운 삶의 동역자가 되어 보자고 악수(握手)를 청하고 있는 것이다. 이런 문화가 턱없이 부족함을 시인은 일생 살아오면서 뼈저리게 느끼고 발견한바 늘 아쉬움으로 끌어안고 지내.오.다가 이 한 편이 시를 통하여 모든 동포들에게 권면 반, 부탁 반의 청유형으로 주문하고 있다.

잃어버린 것에
주저앉아 울고
내 마음 안 비가
조금씩 적셔준다

녹아내리는
작은 위로 한줄기

잃은 것만큼
다시 채워질 거란 믿음
비의 속삭임

- 〈빈 마음만〉 전문

 어느 날 문득 비 내리는 날 들풀잎 숲을 지나다가 한참을 머물 때가 있다. 그리고 풀섶의 온갖 현상들을 응시할 때가 있다. 이는 분명 마음이 메말라 있거나 인간 관계망으로부터 급습당한 사건 사고에 직면하여 받은 상처와 심각한 우울감으로 순간 삶을 놓고 싶다는 감정의 둔탁하고도 송곳 같은 유혹을 받게 될 때의 경우이다.
 그런가 하면 가장 사랑하는 이로부터의 결별을 통보받거나 일방적 의사소통의 단절을 통보받고 돌아설 때의 기분, 사업의 실패와 예상도 하지 못한 모욕감이 소문에 실려 내 가슴을 칠 때 우리의 영혼과 육체가 마치 빗물에 하염없이 젖어 있거나 물속에 수몰된 듯한 절망적 느낌을 받을 때가 있다.

  그때 엉엉 울거나 하염없이 물멍을 경험하고 돌아서고 나면 큰 위로가 되어 멜랑꼴리(melancholy)의 순간이 푸른 하늘의 깃털 구름과 같이 변하여 시원하게 비상하는 것 같은 느낌을 경험하게 된다. 우리의 마음을 압박하던 역기능적 감정 덩어리인 미움과 시기와 질투, 상대적 비교로부터 오는 자기 비애와 나약함, 슬픔과 아픔과 우울과 두려움으로 인해 자신을 절망케 하는 모든 것들을 깨끗하게 씻어내었기 때문이다. 그래서 우리는 가득 채우기보다는 청빈(淸貧)의 삶을 꿈꾸고 갈망해야 하는 것이다. 시인은 이미 이 모든 순기능적 감정의 소중함을 깨달았다는 증표를 위의 시에 잘 드러내 독자들에게 긴밀히 공감하자고 은근히 마음을 전하고 있다.

>바람처럼
>지나간 그날들
>잊은 줄 알았는데
>
>가끔 생각에 잠겨
>눈물로 피어난다
>너 때문에
>
>   - 〈스침〉 전문

  황은미 시인의 삶을 한마디로 요약하여 설명하면 '그리

움'과 '사랑'이다. 어떻게 보면 21세기를 살아가는 모든 사람들을 한자리에 모아 놓고 일제히 '삶'의 진정한 가치와 '목적'에 대해서 물어보면, 단연코 '사랑'이요 '그리움'이라고 말을 한다. 자신의 처지와 체면을 유지하기 위해서 고의로 숨기고 싶어 하거나 고고한 척 자신을 표현하고 싶어 하는 겉치레적인 사람들은 다소 능숙능란한 수법이나 은유적 표현으로 잘 비켜서겠지만, 그래도 그 속 의미는 '사랑'이며 '그리움'이다. 모든 말의 의미 즉 감정의 의미가 다 이 두 단어의 범위를 비켜설 수 없다,

이 시집 대부분의 시들이 이 두 단어의 테두리 안에 볼모가 되는 이유도 바로 그 때문이다. 가장 직결되는 작품으로서의 예는 <빛 같은 사람>과 <인연> -"어느 틈/내 마음에 다가와/잠시/나와 마주쳐 해맑은 미소 보낸다//잊은 줄 잊고 있었는데/아니었구나/한끝 인연 추억은/늘 그곳에 있었구나"이다.

다르게 표현하면 황은미 시인의 생애는 온통 '사랑'과 '인연', '그리움' … 을 벗어나지 않을 작정을 마친 것 같다. 지금까지 아무에게도 들키지 않았을 뿐이다. 그래서 이토록 맑고, 정제(精製)된 선율의 시를 쓰는 시인의 삶을 살고 있는 것인지도 모른다.

> 태어날 때부터
> 내 인생의 첫사랑은
> 가족입니다

말보다는 눈빛으로
잘 알 수 있는
가족이라는 따스함

누가 그랬죠
가족은 잠든 사이
살며시 덮어주는 이불처럼
내 곁을 보살핀다고

웃는 날에도 슬픈 날에도
마음 다독이며 위로해 주는
울타리 같은 사랑이라고

- 〈가족〉 전문

 혹자는 사람의 인생을 일컬어 '방랑자'라고도 하고 더러는 '나그네' 또는 '순례자' 그리고 '여행자', '자유인', '정복자'라고 즐겨 호명한다. 그런데 이들 모두는 돌아갈 곳이 있는 목적지가 분명한 사람들을 일컬어 호명하는 피조물이고 형이상학적 인생살이 하는 이들인 것이다. 그러나 그렇지 못한 '노숙인', '걸인', '떠돌이', '영어의 몸', '노예' 등의 묶이거나 갈 곳을 잃은 인생들도 있기 마련이다. 이들을 구분 짓는 가장 뚜렷한 명사가 바로 '가족'인 것이다.
 시인의 시 대부분을 보면 집에서 그리고 가족이라는 또는 자기의 정체성으로부터 끊임없이 일탈하고 싶은 욕망이 노출되고 있다는 것도 분명하게 발견된다. 이것은 자유 기질의 영혼이 시인의 가슴안에 깊이 내재해 있기 때문이다. 그렇기 때문에 시인으로서의 삶을 살아가는 분명한 명분을 낳게 된 것이기도 하다. 그런데 분명한 또 다른 한 가지 다른 이들에게는 없는 아주 분명한 사실 한 가지를 황은미 시인은 가슴 깊이 품고 살아오고 있다는 사실이다. 그것이 바로 '가족' '울타리' 인 것이다. 갈 곳이 있다는 것이다. 분명한 귀의, 귀가 할 목적지가 있다는 현실적 행복이요 당연함이 그의 삶을 유지하고 있다는 것이다. 21세기의 가족이라는 개념은 다소 복잡하게 읽히고 있는 것이 사실이다. 마치 '가족이라는 병'을 호소하는 이들이 있는가 하면, '가족의 두 얼굴'을 진단하며 가족으로 인한 피로감을 호소하는 이들도 있다. 그럴지라도 단연코 결코 잊을 수도, 버릴 수도 없는 가족의 순기능적 개념은 '아름다운 가족' -가정은 사람을 만드는 공장이라는 사실이다. 그 가족이 시인의 삶을 송두리째 지배하고 있으며 동시에 거뜬하게 지탱하고 있으며, 흔들림 없는 중심을 잡아주고 있음을 발견할 수가 있다. 그래서 가족 해체라는 문제성을 낳고 있는 21세기에 우리는 가족을 선택하고, 가족을 위로하고 그 안에서 행복을 추구하는 영혼적 노동을 쉬지 않아야 하는 것이다. 그 대표성을 낳는 시를 들라면 단연코 <모녀의 밥상>을 들 수 있겠다.

> 불러도 대답 없는 이름아
> 알 수 없는 저 공간에서

아지랑이 피어나고
숨을 쉰 땅이 숨을 쉬듯
하늘로 날아오른다

크고 작은 들꽃들이
저마다의 빛깔로
세상의 첫인사를 건네고
그 속삭임에 마음 젖는다

조금만 가까이 다가가도
햇살은 꽃잎에 머물고
바람은 향기를 실어 나른다
모든 것이 깨어나듯
내 마음도 살아 숨 쉬며
저기 저곳에서
그대들의 건네는 말

- 〈저기 저곳에서〉 전문

  자연을 숭배하는 이유 하나로 많은 사람들에게 수난("인간으로 결점이 많았고, 또 그 결점은 그를 도우려고 했던 모든 사람이 알았지만 루소는 역시 천재였습니다. 그는 모든 시대를 통틀어 가장 독창적인 정신을 지녔던 사람이며, 비할 데 없는 산문가이기도 했습니다. 고독하며 의심 많은 성격 덕분에 그는 국외자가 될 수 있었습니다. 그는 어떤 발언도 개의치 않았고, 그 때문에 혹독한 박해를 겪어야만 했습니다.")을 받은 루소가 있는가 하면, 윌리엄 워드워즈, 랄프 왈도 에머슨이나 헨리 데이빗 소로우와 같이 자연을 주제로 문학 인생을 살아 지금까지 존엄의 대상으로 호명되는 인물들도 있다.

 황은미 시인은 그 자연 세계의 지체들 중 대표성을 꽃에게서 그 의미를 발견하기도 하고 부여받기도 한다. 그 대상을 향하여 사랑 고백을 하기도 하고, 질문도 하고, 울음을 쏟아놓기도 하고, 항변도 하고, 답답한 가슴을 열어 보이기도 하고, 드러눕기도 하고, 입맞춤을 시도하기도 하고, 도망을 갔다가 며칠 몇 날을 숨어 놀다가 돌아오고도 싶어 한다. 그 까닭은 무엇 때문일까? 저기 저곳에 공존하는 꽃과 나무들과 들풀들 그들이 건네는 의미, 무의미의 언어로 받는 위로의 힘을 이미 알고 있기 때문이다.

> 바람 불면 가지를 맞대어
> 오랜 세월이 서로 서로 나누는
> 함께 서 있는 나무가 있습니다
>
> 꼼짝없이 그 자리에서
> 하늘 보며
> 비 오면 뿌리로 깊이 안아줍니다
>
> 하지만 잎이 다 떨어진 가을엔
> 하늘이 먼저 알고 잎 끝에서
> 맺힌 빗방울이 땅으로 떨어집니다

나무의 눈물이라는 걸 아시나요

- 〈나무가 울 때〉 전문

　위의 시는 다른 시 <꽃이 지는 이유>와 연결하여 감상을 하게되면, 시인의 관심 사항 즉 시인의 감성의 끝자락이 가닿는 또 다른 생명 세계를 알게 된다. 역시 자연성이다. 위대하고도 광대한 피조물의 또 다른 세계를 자유롭게 왕래하는, 평상시에는 미처 몰랐던 시인의 들고나는 또 다른 안식 공간으로서의 아지트(안식 공간이자 터)가 어디인지를 충분히 가늠하게 된다. 그 현상에서 땅만 바라보고 살아가는 근시안적인 인간들에게서 느끼지도 발견하지도 못하는 깊은 안식과 위로와 연민을 충분히 경험하게 됨을 공감하게 된다.

　그곳에는 인간의 탐욕으로 인해 죽어가는 나무와 꽃과 들풀과 그들 사이에 주소지를 내고 존재하는 모든 곤충들과 나비와 가재와 산짐승들과 새들의 울음소리를 들을 수 있으며, 그들의 눈물을 발견할 수 있다는 시인의 애절한 노랫소리가 들려오는 듯하다. 이것이 바로 황은미 시인의 또 다른 삶과 의식이 창조하고 있는 환경이며 모습이란 것을 이 시집이 아니고서는 결코 공감하지 못함으로부터 오는 아쉬움과 오해와 착각을 해빙(解氷)시키는 순간의 기쁨인 것이다.

거우내 몸살을 앓고
이제야 결곡하다 핀
내 안의 꽃

한번 흘낏 보다
별리한 날숨을 토해
희우의 아름다운
내 안의 꽃으로 핀다

지우고 싶은 지난 흔적을
헤움하다 감응한
조심스런 그날의 꽃으로

- 〈내 안의 꽃〉 전문

위의 시는 <그대가 별이 된 후> - '사랑이 떠난 뒤에야/ 나는 알았다', <뜨거운 언어로 말해 줘> - '모든 사랑은 이유가 있다/시간마저 녹여버린 만큼/사랑의 언어로 갈망한다', <바람의 길> - '어디로 가는 거냐 묻지만/바람이 웃는다/가는 게 아니라/그저 자유롭게 스쳐 갈 뿐이라고' 이 세 편의 시를 나란히 놓고 감상을 하게 되면, 시인의 생애 저편과 이편, 과거와 현재와 미래의 풍경이 맑은 창 너머로 환하게 내다보이는 환희와 애잔함을 느끼게 된다.

비로소 시인의 마음과 영혼 안에 자유롭게 그리고 영원히 지지 않을 '사랑'과 '그리움' '잊히지 않을' 뭇 형상으로

서의 꽃이 만개하는 꿈을 꾸게 되리라는 희망과 갈망과 염원이 쉬 노출되게 된다. 이 소망이 살아있는 한 시인은 자신만이 구축해 놓은 삶의 아지트에서 홀로 행복해하며 남은 생에 위대한 무형의 자산을 축적시키고 이웃하는 이들을 초대하고 그들을 위로하고 더불어 기쁜 연회의 주인공이 될 복선이 이 첫 시집에서 발견되어 진다.

3. 시인과 시인의 지체로서의 생애를 담아낸 시들을 떠나 보내며

황은미 시인의 첫 시집은 자연성의 풍부한 보고를 독자들에게 소개하면서 그 안에서 자신만의 독특하고도 특징적인 여성성을 잘 드러내 보여주고 있다. 그 거울 이미지로 도입한 대상을 들라면 바로 살아있는 정물로서의 '꽃'이다.

그 꽃은 시인이며, 지금까지 사랑하는 결코 잊지 못할, 가슴 속 깊이 자리하고 좀처럼 떠나지 않고 떠날 의지를 스스로 상실한 듯한 뭇 이미지들의 처음이자 끝인 것이다.

> "인류는 아주 오래전부터 꽃을 통해 의사소통을 해왔다. 사랑을 표현하고, 애도하는 마음을 전하거나 사과할 때도 꽃을 내민다. 전쟁을 기념하거나 반대할 때도, 외교사의 한 장면을 장식할 때도 꽃으로 메시지를 전한다. 영국 여성들은 수줍게 보이는 제비꽃을 여성 참정권 운동을 상징하는 꽃으로 내세웠고, 1964

년 대통령 선거에서는 첨예한 냉전 시대의 상징으로 데이지가 등장하기도 했다. 1967년에는 총을 든 군인들 앞에서 국화를 든 청년의 모습이 전 세계적으로 유명해졌다. 미국의 베트남 전쟁 개입에 항의하는 의미였다. 카네이션은 러시아와의 포르투갈에서 혁명을 의미하고, 사프란에는 인도의 민족주의가 담겨 있다. 중국의 나이 든 세대는 해바라기를 보면 마오쩌둥을 떠 올린다. 수선화나 목화처럼 제국이 영토를 확장하면서 유명해진 꽃도 있고, 삶과 죽음, 시간의 본질을 두고 논할 때도 꽃이 매개로 등장한다."

-케시어 바디의 〈세계사를 바꾼 16가지 꽃 이야기〉에서

이와 같이 황은미 시인은 꽃을 사랑한다. 그래서 그 꽃의 이미지에 온갖 시인의 삶을 투사시켜 은유적 수사법을 통해서 자신의 잊혀지지 않을 삶과 잊혀져 아쉬움 짙은 그리움이 여전히 진행형으로 남아 있는 또 다른 감성의 산물들을 노래하고 있다.

시인은 여행을 좋아하고, 그곳에서 또 다른 자아를 발견하여 돌아오는 왕복 순환의 일지를 즐겨 쓰는 사색을 생활화하는 것으로 비추어졌다.

프랑스 작가 미셸 옹프레는 《철학자의 여행법》에서 말하기를 "여행은 우리에게 치료제로 작용하기보다는 우리 존재에 대해서 정의해주고, 우리가 존재할 수 있는 방법을 찾게 해준다. 우리는 자아를 치유하기 위해서 여행하는 것이 아니다. 자아에 더 익숙해지고 더 강해지고 더 잘 느끼고 더 자세히 알기 위해서 여행하는 것이다"

메리 올리버는 《긴 호흡》에서 다음과 같이 도전 의식을 던져주고 또한 당부한다. "시는 우리 역사의 산물이며, 우리 역사는 자연계와 불가분의 관계에 있다. 물론 벌집 같고 지하 감옥 같은 지금의 도시들에서는 시가 위안이 되지 못하고, 영향력을 행사하지도 못한다. 자연계와 개인 사이의 협정이 깨졌기 때문이다. 이제 더 이상 수확을 위한 노동은 없다. 이익을 위한 사냥만 있을 뿐이다. 삶은 더 이상 기쁨과 용맹 속에서 발현되지 않고, 오직 세속적 재물 축적의 도구로만 이용된다. 시가 그런 사람들에게 의미를 지니려면, 그들이 먼저 발걸음을 떼어야 한다. 물질에 구속된 사리추구적 삶에서 시를 읽는 사람들이 너무 적은 것은, 이 겁에 질리고 돈을 사랑하는 세상에서 시의 영향력이 너무도 미비한 것은, 시의 잘못이 아니다. 결국 시는 기적이 아니다. 개인적 순간들을 형식화(의식화)하여 그 순간들의 초월적 효과를 모든 사람들이 이용할 수 있는 음악으로 만들기 위한 노력이다. 시는 우리 종(種)의 노래다."

우리 대한민국도 예외는 될 수 없다. 여전히 시인 지망생이 많고, 표면적으로 시인이 넘쳐나고 있기는 하지만, 위기의식은 멈출 기미를 보이지를 않는다. 그 위기의식을 발현시키는 주체는 바로 시인인 것이다. 시인다움이 사라지고, 시인들의 삶이 시적이지 못하다는 원인도 한몫한다. 시인들이 스스로 삶에서 시대적 불의와 불신과 이해충돌과 세속적 안목에 눈이 먼 시대를 향해서 책임을 지려고 하지 않고 있으며, 그 책임을 통감하지 않는다는 것이다.

  시인의 감성적 언어가 제대로 통용되지 못하고 있으며, 시인의 미소가 따스하고도 진실된 마음을 실어 나르는 기능을 잃고 있으며, 시인의 거래가 투명해지기보다는 은밀하게 거래의 수순을 밟고 있음 또한 시의 생명력을 더 어둡게 하고 난냉케 하는 원인을 낳게 되는 것이다. 시인의 호탕한 마음, 시인의 깊고 넓은 우주적 마음과 이해력이 턱없이 부족한 것도 피할 수 없는 시인의 죄명 중의 하나에 들기도 한다. 시인의 이상이 우주론과 자연과 신론에 초점을 맞추고 중심을 잡아가야 하는데, 극단적이고도 편협적 위치로 치우쳐 중심을 잃고 있다는 것도 시인의 가치를 상실할 위기를 자초하고 있다.

  그 분위기를 단번에 개혁하자고 선전 선동하는 것은 아니지만, 또 시인 홀로 그 역할을 하라고 시집의 평설을 통한 당부를 남기는 것은 아니지만, 그래도 시의 순수성을 여전히 유지하고 있는 시인이 그 진실성과 순수성을 녹여 시 창작의 양식으로 삼은 만큼 이 시집을 통하여 독자들의 노여움을 풀어줄 수 있다는 확신으로 발문으로 시집 출간에 동참하게 되었다. 그래서 충분히 기대가 된다.

  끝으로 첫 시집을 들고 세상으로 향하는 황은미 시인에게 테드 휴즈를 소개하면서 이 글을 마치려고 한다. 충분히 용기와 힘이 되리라 확신하면서 앞으로의 남은 시인의 생애가 독자들과의 사랑을 많이 공유하며 시인과 독자 간의 신뢰성을 회복하고, 빛을 잃고 어두워져 가는 듯한 시대의 안과 밖을 환히 밝히는 초석이 되는 시 창작을 기대하며 박수를 보내드린다.

"시는 생각이나 우연한 상상의 산물이 아닙니다. 우리의 육체와 영혼을 순간적으로 또는 영원히 변화시키는 경험에서 나오는 것입니다. 훌륭한 시인들의 작품은 그들이 과거의 어느 시점에서 겪었던, 혹은 그들 고유의 성격 때문에 반복해서 일어나는, 인상적이거나 개인적인 경험에서 나온 것입니다. 이 경험이 더 넓을수록, 그러니까 평범한 일상에서 나온 것일수록 시인은 실로 위대해집니다."

시와 더불어 황은미 시인의 시인적 삶이 아름답고 위대해지기를 기원드린다. 뿐만 아니라 물건을 사고 팔 때, 커피숍에서 뭇 이웃들과 차를 마시면서 담화를 나눌 때와 산행과 여행의 동반자가 되거나 시인들과 회동에 참석하여 잠시 잠깐 대화를 나누게 될 때, 지나가는 사람들과의 눈인사를 하게 될 때, 꽃과 나무들과의 목례를 나누고 우주적 마인드를 공유할 때, 그리고 슬프고 외롭고 순간의 절망이 삶의 부질없음을 부추길 때조차 이전의 삶이 아닌 시집을 상재 하여 누리게 되는 그 기쁨과 행복 에너시로 인해 더욱 아름답고 의미 있는 삶의 주인공이 되시기를 넉넉한 마음으로 기원드린다.

황은미 시집

그대의 꽃

초판 발행일 2025년 9월 26일

지은이 황은미

펴낸이 양상구
웹디자인 김초롱
펴낸곳 도서출판 채운재
주소 우) 01314 서울시 도봉구 시루봉로 15라길 38-39 301호
전화 02-704-3301
팩스 02-2268-3910
H·P 010-5466-3911
E-mai ysg8527@naver.com

정가 12,000원
ISBN 979-11-92109-94-7(03810)

@ 황은미 2025
* 이 책은 저작권법에 따라 보호받는 저작물이므로 무단전재와 무단복제를 금지하며 이 책의 내용 전부 또는 일부를 이용하려면 반드시 저작권자와 도서출판 채운재의 동의를 받아야 합니다
* 파손 및 잘못된 책은 구입처에서 교환해 드립니다